Dom Antônio Afonso de Miranda, SDN
(Bispo Emérito de Taubaté)

O QUE É PRECISO SABER SOBRE O
CASAMENTO

EDITORA
SANTUÁRIO

Direção editorial: Pe. Marcelo C. Araújo, C.Ss.R.

Coordenação editorial: Ana Lúcia de Castro Leite

Copidesque: Luana Galvão

Revisão: Leila Cristina Dinis Fernandes

Diagramação e Capa: Mauricio Pereira

ISBN 85-7200-893-4

1ª impressão: 1983

50ª impressão

Todos os direitos reservados à **EDITORA SANTUÁRIO** – 2022

Rua Pe. Claro Monteiro, 342 – 12570-000 – Aparecida-SP
Tel.: 12 3104-2000 – Televendas: 0800 - 0 16 00 04
www.editorasantuario.com.br
vendas@editorasantuario.com.br

APRESENTAÇÃO

Todos nós conhecemos Dom Antônio Afonso de Miranda, Bispo Emérito de Taubaté, e sabemos com que maestria ele usava da pena em seus artigos no jornal "Santuário de Aparecida". Agora ele está lançando um livreto, *O que é preciso saber sobre o casamento*. É um livreto dirigido a você; a você que quer se casar, mas que quer fazê-lo com bastante consciência do que exige a vida matrimonial. Pois é, é bem isto que Dom Antônio deseja fazer: conscientizar as pessoas da seriedade do casamento. Com uma clareza que lhe é peculiar e com uma facilidade de síntese que é uma de suas características, Dom Antônio aborda apenas temas básicos. Temas que levam as pessoas a um casamento consciente, responsável e comprometido com sua missão.

O estilo é leve; o livro é curto. Leia-o hoje, você, que está planejando o seu casamento. Ele abrirá seus horizontes para a alegria de um casamento consciente, responsável e comprometido. Não tenho dúvida de que o casamento é o que de mais sério uma pessoa possa realizar. E normalmente ela o realiza uma só vez. Por que não o realizar bem? Este livro quer ser uma ajuda para você.

Pe. Francisco Costa, C.Ss.R.

O QUE É O CASAMENTO?

Para quem não tem religião, é simplesmente união de amor de um homem e uma mulher.

Para quem acredita em Cristo e na Igreja, é um Sacramento, isto é, ato sagrado, pelo qual a união de amor do homem e da mulher se torna santa e eles iniciam a vida conjugal e familiar com as bênçãos de Deus.

A instituição matrimonial não é uma ingerência indevida da sociedade ou da autoridade, nem imposição extrínseca de uma forma, mas uma exigência interior do pacto de amor conjugal que publicamente se afirma como único e exclusivo, para que seja vivida assim a plena fidelidade ao desígnio de Deus Criador (João Paulo II – Exortação Apostólica *Familiaris consortio,* n. 11).

Casamento e família são inseparáveis. E família significa união de amor entre esposo e esposa e entre pais e filhos; amor que deve ser sempre cultivado e renovado pela boa vontade, pelo esforço, pelo perdão, e, sobretudo, pela presença de Deus no lar.

POR QUE SE CASAR NA IGREJA?

Para o cristão, o casamento só se realiza enquanto **Sacramento**, isto é, **união sagrada diante de Deus**:

1º – Porque o cristão foi batizado e tornou-se filho de Deus. Por isso, moço e moça cristãos podem dizer o que disse Tobias a Sara, sua esposa: "Somos filhos dos santos e não devemos casar como os pagãos que não conhecem a Deus" (Tb 8,5).

2º – Porque o cristão é membro da Igreja, onde toda a sua vida deve ser santificada. Por isso São Paulo disse a respeito do casamento: "Este sacramento é grande; digo-o com relação a Cristo e à Igreja" (Ef 5,32).

O CASAMENTO DEVE SER FEITO TAMBÉM NO CIVIL?

Sim:

1º – Porque é um contrato que tem consequências jurídicas e sociais.

2º – Porque os noivos são cidadãos, sujeitos à lei civil.

No entanto, não é o ato civil que por si vale como matrimônio para as pessoas batizadas. Diz São Paulo: "Se alguém for de Cristo (isto é, batizado), é uma nova criatura" (2Cor 5,17).

Para a nova criatura, filho de Deus e da Igreja, o matrimônio só tem sentido como **sacramento**.

QUAL O VALOR DO MATRIMÔNIO?

1º – O matrimônio tem um valor **sacramental** ou **sagrado**.

Santifica a vida dos esposos, elevando o seu amor a uma dignidade incomparável. Diz o Concílio Vaticano II:

> O autêntico amor conjugal é assumido no amor divino e é guiado e enriquecido pelo poder redentor de Cristo e pela ação salvífica da Igreja, para que os esposos sejam conduzidos eficazmente a Deus e ajudados e confortados na sublime missão de pai e mãe (*GS,* n. 48).

2º – Tem um valor moral e social.

Traz consequências benéficas para os esposos e para a comunidade em que vivem.

Diz o Concílio Vaticano II: "A salvação da pessoa e da sociedade está estreitamente ligada ao bem-estar da comunidade conjugal e familiar" (*GS*, n. 47).

POR QUE ALGUMAS PESSOAS FORAM INFELIZES NO CASAMENTO?

O casamento não é questão de sorte, como dizem. É questão de amor e da graça de Deus.

Por isso muita gente se tornou infeliz no casamento:

1º – Porque não tinha verdadeiro amor, mas apenas atração sexual ou interesse pessoal.

2º – Porque não cultivou o amor dos primeiros dias com abnegação, sacrifício, carinho, fidelidade e perdão das ofensas.

3º – Porque se esqueceu de Deus na vida conjugal, não vivendo o matrimônio como valor sacramental.

Pode-se dizer que a infidelidade de todos os casamentos está numa das três causas acima apontadas ou em todas conjuntamente.

PODE O CASAMENTO SER UMA EXPERIÊNCIA?

Experiência é aquilo que se faz para ver se dá certo. Não dando certo, abandona-se a experiência.

O casamento não é objeto de experiência.

1º – Porque é um estado de vida que envolve o destino de outras vidas: do esposo, da esposa, dos filhos e, não raro, de outros parentes.

2º – Porque é uma responsabilidade assumida diante de Deus e da sociedade. É um Sacramento e um contrato que não se desfazem.

3º – Porque é fundamentado no amor, e o amor é, por si, exclusivo e definitivo. Caso contrário, não é amor verdadeiro, e sim traição.

Por isso, você não deve casar-se para ver se dá certo. Só deve casar-se quando sabe que o amor é certo, verdadeiro, definitivo.

POR QUE A IGREJA NÃO ADMITE O DIVÓRCIO?

1º – Porque a palavra de Deus diz: "O homem deixará seu pai e sua mãe e se unirá à sua mulher; e os dois serão uma só carne. Assim, eles já não são dois, mas uma só carne. Portanto, não separe o homem o que Deus uniu" (Mt 19,5-7).

2º – Porque o divórcio (que permite ao homem casar-se com outra mulher e a mulher com outro homem) é adultério, conforme a doutrina de Cristo: "Quem abandona sua mulher e se casa com outra comete adultério contra ela. E se a mulher abandona o marido e se casa com outro, comete adultério" (Mc 10,11-12).

3º – Porque a Igreja sempre admitiu que o casamento é um Sacramento, isto é, ato sagrado, um contrato feito diante de Deus e sob as bênçãos de Deus.

E SE O CASAMENTO NÃO DER CERTO?

O casamento sempre dá certo:

1º – Quando as pessoas que se casam se amam verdadeiramente e assumem com responsabilidade esse amor diante de Deus.

2º – Quando nele não se busca somente sexo e prazer próprio, egoísmo, e sim felicidade da outra parte com sacrifício pessoal, se necessário.

3º – Quando os esposos buscam enfrentar com serenidade e fé as dificuldades e atritos inevitáveis.

4º – Quando os casados se lembram que o Sacramento que os santificou para viverem juntos é uma graça de Deus a ser sempre renovada pela oração, pela penitência e pela comunhão eucarística.

Não se deve achar que o casamento não deu certo quando aparecem dificuldades. O que cada um deve fazer é procurar afastar as dificuldades de que pessoalmente for culpado e perdoar o que for culpado no outro.

PODE-SE AMAR SEM TER FILHOS?

O fruto natural do amor num casamento são os filhos. Por isso, rejeitar filhos é ferir naturalmente o amor.

Os filhos são uma bênção. Diz o Salmo 127: "Teus filhos em torno à tua mesa serão como brotos de oliveira. Assim será abençoado aquele que teme o Senhor" (Sl 127,2.4).

Ensina o documento de Puebla:

> Toda criança que nasce – imagem de Jesus que nasce – deve ser acolhida com amor e bondade. Ao transmitir a vida a um filho, o amor conjugal produz uma pessoa nova, singular, única e irrepetível (n. 584).

O amor que gera filhos é participação do amor de Deus Criador. Por ele – diz o Concílio Vaticano II – os esposos "são cooperadores do amor de Deus Criador e como que seus intérpretes" (*GS*, n. 50).

Isso não quer dizer que devam gerar tantos filhos que depois não possam criar e educar. O amor impõe responsabilidade.

O QUE SIGNIFICA
A PATERNIDADE RESPONSÁVEL?

A expressão "paternidade responsável" tem sido objeto de confusões e erros. Em geral, é confundida com "limitação da natalidade". E então há pessoas que, sob pretexto de "paternidade responsável", impedem indiscriminadamente o nascimento dos filhos, por quaisquer processos. E isso já é "irresponsabilidade".

"Paternidade responsável" é assumir com responsabilidade a função de ser pai. Essa função inclui muitas obrigações. Nela está a obrigação de gerar e de alimentar, e também de educar os filhos, principalmente do ponto de vista moral e religioso.

Por isso a Conferência de Puebla aprovou o seguinte plano de ação:

> Eduquem-se de preferência os esposos para uma paternidade responsável que os capacite não só para uma honesta regulação da fecundidade e para incrementar o gozo de sua complementaridade, mas também para fazer deles bons formadores de seus filhos (*Puebla*, n. 609).

Mas é fora de dúvida que, na geração de novos filhos, é preciso ter em conta, como disse o Concílio Vaticano II, as "condições sejam materiais, sejam espirituais dos tempos e do estado de vida"... e também levar em conta "o bem comum da comunidade familiar, da sociedade temporal e da Igreja" (*GS*, n. 50).

Por isso, tendo em conta as circunstâncias – grande número de filhos, dificuldades financeiras, saúde etc. –, a "paternidade responsável" pede que o número de filhos seja limitado. Entretanto, isso deve fazer-se com respeito às leis morais, sem opor obstáculos à vida. Isto é, não se pode ir contra a vida, nem diretamente destruindo-a pelo aborto, nem indiretamente, impedindo que ela germine nos tempos da fecundidade.

O Papa Paulo VI, na encíclica *Humanae Vitae*, observou que a "paternidade responsável" comporta uma profunda relação, com a ordem moral objetiva estabelecida por Deus, de que a consciência reta é intérprete fiel.

Assim sendo, a "paternidade responsável" leva a assumir todas as obrigações morais ao gerar um filho. E exclui tudo o que é contra a moral cristã, como seja, o aborto e os modos indevidos do uso do matrimônio, impedir a geração nos dias fecundos.

PODE-SE LIMITAR O NÚMERO DE FILHOS?

Responde o Concílio Vaticano II:

1º – "O Concílio Vaticano II sabe que os esposos encontram, muitas vezes, obstáculos na organização da vida conjugal, por certas condições modernas de vida. Podem achar-se em circunstâncias em que, ao menos por certo tempo, o número de filhos não pode crescer; é nelas que com dificuldade se conservam o cultivo do amor fiel e a plena intimidade de vida" (*GS*, n. 51).

2º – "Existem os que ousam trazer soluções desonestas a esses problemas e não recuam até mesmo diante da destruição da vida. Mas a Igreja torna a lembrar que não pode haver verdadeira contradição entre as leis divinas sobre a transmissão da vida e o cultivo do autêntico amor conjugal" (*GS*, n. 51).

3º – "Por isso a moralidade da maneira de agir, quando se trata de harmonizar o amor conjugal com a transmissão da vida, não depende apenas da intenção sincera e da reta apreciação de motivos, mas deve ser determinada segundo critérios objetivos tirados da natureza da pessoa e de seus atos, critérios estes que respeitam o sentido integral da doação mútua e da procriação humana no contexto do verdadeiro amor" *(GS*, n. 51).

O QUE QUER DIZER "PLANEJAMENTO FAMILIAR"?

Como já salientamos, "planejamento familiar" não deve ser confundido com "limitação da natalidade".

Planejamento inclui um plano a ser feito pelos esposos, de acordo com a circunstância de vida. Tudo deve ser ponderado por eles: o lugar onde moram, as condições financeiras, a educação que vão dar aos filhos, mas também a vida religiosa a ser alimentada e praticada.

Por isso, o casal deve ter em vista a sua fé e sua vida moral.

Esposo e esposa são pessoas humanas, batizadas, unidas por um Sacramento. A dignidade e grandeza desse Sacramento devem ser mantidas com grande solicitude.

É partindo desse princípio fundamental que o casal verá o número de filhos a gerar e educar e por meio de que processo, honesto, digno e cristão, evitará a concepção de outros filhos.

Não pode ser esquecido que o "planejamento familiar" deve incluir tudo o que diz respeito à harmonia conjugal: como vão estabelecer o relacionamento, de que forma educarão e corrigirão os filhos, como tornarão sempre alegre e feliz o ambiente de casa e como se entenderão sempre, inclusive sobre os problemas materiais da família.

Note-se que o "planejamento" não é uma conversa somente antes do casamento e depois esquecida. O verdadeiro planejamento é revisado, refeito, recomposto com frequência num diálogo a dois.

Saber, por exemplo, se um filho a mais deve vir ou não, é deliberação dos dois, pai e mãe. E é nesta troca de ideias que os esposos procurarão entender as épocas de fecundidade e infecundidade, em que usarão a vida sexual para a geração ou não geração de novos filhos.

Todos somos suscetíveis de erros e fraquezas. Pois o "planejamento" a dois deve enfrentar com lealdade os erros porventura cometidos, a fim de corrigi-los e melhorar a convivência matrimonial.

Como se vê, "planejamento familiar" é constante conversa dos esposos para construir uma família harmoniosa e feliz.

COMO CONCILIAR VIDA CRISTÃ E VIDA SEXUAL?

É esta uma questão que não poucos casais bem formados se propõem. E ela se torna realmente angustiante no mundo supererotizado de hoje, que insinua que se deve colocar prazer sexual acima dos valores espirituais.

A esse propósito já se pronunciara com sabedoria o Papa Paulo VI na encíclica *Humanae Vitae*.

> O próprio Criador, que, na sua bondade e sabedoria, e para conservação e propagação do gênero humano, quis servir-se do concurso do homem e da mulher, unindo-os no matrimônio, estabeleceu, também, que nessa função os esposos experimentassem um prazer e uma satisfação do corpo e do espírito. Portanto, nada de mal fazem os esposos procurando esse prazer e fruindo dele. Aceitam aquilo que o Criador lhes destinou.
>
> Sem embargo, ainda aí devem os esposos saber manter-se nos limites de uma justa moderação. Tal como no gosto dos alimentos e das bebidas, assim também no prazer sexual não devem eles abandonar-se sem freio ao impulso dos sentidos. A justa regra é, pois, esta: o uso da função geradora natural só é

> moralmente permitido no casamento, a serviço e segundo a ordem dos fins do próprio casamento. Daí resulta que, no casamento e observando esta regra, é que o desejo e gosto deste prazer e dessa satisfação são lícitos. Porquanto o gozo está sujeito à lei da ação de que ele deriva, e não, vice-versa, a ação à lei do gozo (*Humanae Vitae*, cit. em REB, v. 12, fasc. 1, 1952, p. 206).

Essa é a norma a ser seguida por casais cristãos. Porque o cristianismo nos ensina o amor às pessoas sem busca de egoísmo. A vida sexual entre cristãos deve ser expressão do amor entre esposo e esposa, que se completam dentro do plano de Deus criador.

Por isso "todo ato matrimonial deve permanecer aberto à transmissão da vida" quando normalmente uma nova vida deve nascer (*Humanae Vitae*, n. 11).

> Exatamente porque o amor dos cônjuges é uma participação singular no mistério da vida e no amor do próprio Deus, a Igreja tem consciência de ter recebido a missão especial de guardar e de proteger a altíssima dignidade do matrimônio e a gravíssima responsabilidade da transmissão da vida humana (*Familiaris consortio*, n. 29).

COMO SE PODE LIMITAR O NÚMERO DE FILHOS?

De muitos modos se pode limitar o número de filhos. Mas, para cristãos, interessa saber por qual modo, dentro dos princípios morais, pode espacear os nascimentos. E, evidentemente, o critério a adotar só poderá ser, para cristãos, o do amor norteado pela lei de Cristo.

1º – O único modo lícito perante a moral cristã é aquele que se fundamenta na própria natureza instituída por Deus: deixar de realizar o ato matrimonial nos dias em que a mulher é fecunda, ou seja, capaz de conceber.

2º – Não são todos os dias que a mulher é susceptível de conceber. Isto só acontece nos dias do mês em que o óvulo, caindo do ovário, atravessa as trompas e desce para o útero, podendo então ser fecundado pelo espermatozoide masculino.

3º – Em tempos passados, encontrava-se dificuldade para descobrir esse tempo de fecundidade, e os processos propostos nem sempre eram eficientes. Mais recentemente os médicos Dr. e Dra. Billings descobriram o chamado "método do muco vaginal", que tem oferecido grande segurança.

Eis como o seu descobridor, Dr. Billings, expõe-no em termos gerais.

> Por pouco instruída ou inteligente que pareça, toda mulher pode aprender a detectar os sintomas indicadores de fertilidade que aparecem em seu próprio corpo. O mais comum desses sintomas é o aparecimento do muco na vagina ou perda de muco durante alguns dias, umas duas semanas antes da próxima menstruação... O sintoma do muco é um sinal claro de que está produzindo uma ovulação fértil. Qualquer mulher capaz de ter filhos está familiarizada com esse sintoma, mesmo que anteriormente não tenha compreendido seu significado. Sem precisar ser muito culta ou inteligente, ela mesma pode identificar os possíveis dias fecundos e sua aptidão para fazê-lo, desconhecendo inteiramente a irregularidade de seus ciclos menstruais (Dr. John Billings. *Amar de corpo e alma*, Ed. Paulinas, p. 37-38).

Em outra obra, o mesmo Dr. Billings explana ampla e cientificamente o seu método. Citemos dessa obra o seguinte trecho:

> No caso de não se desejar a gravidez, o contato sexual deve ser evitado durante o pe-

ríodo menstrual e em qualquer dia em que o muco está presente até o tempo da ovulação; o contato sexual não deve ser retomado até que tenha passado um período suficiente depois do sintoma do ápice da ovulação e que o óvulo tenha morrido. Assim, somente os dias secos são com segurança infecundos antes da ovulação, e qualquer dia a partir do quarto dia depois do ápice até o fim do ciclo (Dr. John Billings. *O método da ovulação*, Ed. Paulinas, p. 34-35).

O uso das relações matrimoniais nesse período seco e a abstenção no período do muco possibilitarão o espaceamento das concepções.

Criado por Deus, natural, o estado de infecundidade da mulher constitui caminho moral legítimo para a limitação da natalidade.

4º – Há outros processos para se descobrir a fase fértil e não fértil: o método da temperatura ou do ritmo, o método chamado das tabelas (Ogino-Knaus) e o método Billings. Só aconselhamento especializado e consciencioso poderá pormenorizá-lo.

Qualquer desses métodos, ou outro ainda, desde que se fundamente no período não fecundo da mulher e que não seja utilizado somente para a busca do prazer com exclusão da natalidade, é moralmente aceitável.

5º – A Igreja tem considerado sempre moralmente ilícitos quaisquer outros processos de evitar filhos que não procedam da natural infecundidade. É que todo outro processo constitui um impedimento que se contrapõe à vida que vai ser concebida. Por isso, ilícitos, porque é ilícito tudo o que é contra a vida. Tais são os comprimidos anticoncepcionais, o uso de "dius", "camisinhas", "esponjas", "diafragma" e outros métodos chamados artificiais.

ÍNDICE

Apresentação 3

O que é o casamento? 5

Por que se casar na Igreja? 7

O casamento deve ser feito também no civil? 8

Qual o valor do matrimônio? 9

Por que algumas pessoas foram infelizes
no casamento? 10

Pode o casamento ser uma experiência? 11

Por que a Igreja não admite o divórcio? 13

E se o casamento não der certo? 14

Pode-se amar sem ter filhos? 15

O que significa a paternidade responsável? 16

Pode-se limitar o número de filhos? 19

O que quer dizer "planejamento familiar"? 20

Como conciliar vida cristã e vida sexual? 22

Como se pode limitar o número de filhos? 24

Este livro foi composto com as famílias tipográficas Calibri e Futura HV BT
e impresso em papel Offset 75g/m² pela Gráfica Santuário.